Timm-Oliver Lübben

Der Umgang mit hirntoten Patienten im Kontext der Würde

GRIN Verlag

Bibliografische Information der Deutschen Nationalbibliothek:

Die Deutsche Bibliothek verzeichnet diese Publikation in der Deutschen National-
bibliografie; detaillierte bibliografische Daten sind im Internet über http://dnb.d-
nb.de/ abrufbar.

Impressum:

Copyright © 2013 GRIN Verlag GmbH
Druck und Bindung: Books on Demand GmbH, Norderstedt Germany
ISBN: 978-3-656-50385-9

Dieses Buch bei GRIN:

http://www.grin.com/de/e-book/233211/der-umgang-mit-hirntoten-patienten-im-
kontext-der-wuerde

GRIN - Your knowledge has value

Der GRIN Verlag publiziert seit 1998 wissenschaftliche Arbeiten von Studenten, Hochschullehrern und anderen Akademikern als eBook und gedrucktes Buch. Die Verlagswebsite www.grin.com ist die ideale Plattform zur Veröffentlichung von Hausarbeiten, Abschlussarbeiten, wissenschaftlichen Aufsätzen, Dissertationen und Fachbüchern.

Besuchen Sie uns im Internet:

http://www.grin.com/

http://www.facebook.com/grincom

http://www.twitter.com/grin_com

Hochschule Bremen

Fakultät 3

Internationaler Studiengang für Pflege- und Gesundheitsmanagement (ISPG)

Der Umgang mit hirntoten Patienten im Kontext der Würde

Referat

Semester: Wintersemester 2012/2013

Timm-Oliver Lübben

Eingereicht am: 25.02.2013

Inhaltsverzeichnis

Einleitung...3

1 Was ist Würde?...3

2 Sind Hirntote als sterbend oder tot anzusehen?........................5

3 Haben Hirntote Würde?..7

Zusammenfassung...9

Literaturverzeichnis..10

Einleitung

In ihrem Arbeitsalltag müssen Pflegende wie auch Ärzte moralische Entscheidungen treffen. *Moral* bezeichnet dabei „die Verhaltensnormen der gesamten Gesellschaft oder einer Gruppe, die aufgrund von Tradition akzeptiert und stabilisiert werden" (Körtner 2004). So hat laut Körtner (2004) auch jede Berufsgruppe ihre Moral. Pflegende, Mediziner und Angehörige können bei hirntoten Patienten, gerade bei Organentnahmen, aber auch moralisch an ihre Grenzen stoßen. Staatliche Gesetze können zwar Entscheidungen vorgeben und ein Handeln in eine gewisse Richtung erzwingen, sind aber nicht für jedermann moralisch korrekt. Wer darf entscheiden, ob Organe entnommen werden sollen? Sollte man den Patienten als sterbend oder tot ansehen? Ist es moralisch vertretbar, wenn Chirurgen zynische Witze über den Patienten von sich geben, während sie seine Organe entnehmen oder ist dies ihm gegenüber unwürdig? Diese wissenschaftliche Ausarbeitung soll diesen Fragen nachgehen und verschiedene Perspektiven aufzeigen. Dabei soll zuerst der Begriff *Würde* näher erläutert werden. Hinterher wird die Frage beleuchtet, ob Hirntote Menschen als sterbend oder tot anzusehen sind. Dabei wird der Fokus überwiegend auf die politische Diskussion von 1997 gelegt. Im letzten Kapitel soll dann anhand mehrerer philosophischer Perspektiven der Frage nach der Existenz von Würde bei Hirntoten nachgegangen werden.

In vorliegender Arbeit wird durchgehend die männliche Schreibweise gewählt. Dieses soll lediglich der besseren Lesbarkeit dienen und nicht als Diskriminierung verstanden werden.

1 Was ist Würde?

Der Begriff Würde wird täglich von uns benutzt. Sei es in den Medien, wenn von einem *würdevollen Abschied* oder *unwürdigem Verhalten* die Rede ist. Oder auch in der alltäglichen Sprache, wenn es heißt: „Das war absolut würdelos!" Selbst im Grundgesetz ist der Begriff, wie allseits bekannt, fest verankert: „Die Würde des Menschen ist unantastbar. Sie zu achten und zu schützen ist Verpflichtung aller staatlichen Gewalt" (Art.1 Abs. 1 GG 1949). Sollte es da nicht gerechtfertigt sein, zu hinterfragen, was das Wesen der Würde ausmacht? Wovon reden wir eigentlich, wenn wir das Wort *Würde* verwenden?

Nach der deontologischen Ethik von Immanuel Kant existiert der Mensch „als Zweck an sich und nicht nur als Mittel zum Gebrauch eines beliebigen Willens" (Pfabigan 2004). Dabei gehört die Würde zu den Zwecken, hat jedoch den besonderen Status, dass sie als innerer Wert unverkäuflich ist: „[...] was dagegen über jeden Preis erhaben ist, mithin kein Äquivalent verstattet, das hat eine Würde [...]" (Kant 1961). Nach Pfabigan (2004) schreibt Kant einem Menschen aufgrund seiner Autonomie Würde zu. Unter Autonomie versteht er ein Vernunftswesen, also ein Lebewesen, dass seinem Handeln selbstständig Gesetze geben kann.

Kant unterscheidet hier die zwei wesentlichen Merkmale der Würde. Zum einen besitzt der Mensch die Würde als inneren, unverkäuflichen Wert. Also kraft seines Menschseins und von Geburt an, man spricht auch von einem Wesensmerkmal oder einer Seinsbestimmung. Zum anderen muss er jedoch auch vernünftig handeln, was zwar auch eine menschliche, angeborene Fähigkeit darstellt, jedoch genauso einem Gestaltungsauftrag gleichkommt. Dabei hängt es von einem Menschen selbst ab, ob es Würde gibt. Er muss unter der Achtung von Gesetzen leben und sich dementsprechend verhalten.

Diese beiden Eigenschaften werden jedoch nicht nur von Kant miteinander verknüpft. Wetz (1998) und, unter dessen Verwendung, auch Pfabigan (2008) verweisen darauf, dass schon Marcus Tullius Cicero von einer Würde aus Gestaltungsauftrag und Wesensmerkmal sprach. Jedoch setzte sich dieses Würdeverständnis erst später im mittelalterlichen Christentum und unter Einfluss dessen Weltanschauung durch. Das Wesensmerkmal der Würde ist demnach die Gottesebenbildlichkeit des Menschen, sie wird durch Gott dem Menschen verliehen und hebt ihn von anderen Lebewesen ab (Wetz undatiert). Der Gestaltungsauftrag ist nach dem christlichen Verständnis die lebenslange Pflege dieser Würde. Ohne die ihr entgegengebrachte Achtung, bei einem selbst oder bei anderen, würde sie verkümmern (Wetz 1998).

Es lässt sich also zusammenfassend sagen, dass quer durch die letzten Jahrhunderte bis in die Neuzeit Würde als etwas beschrieben wurde, dass aus einem Gestaltungsauftrag und einem Wesensmerkmal besteht. Diese beiden Eigenschaften stehen jedoch nicht isoliert, sondern werden stets miteinander verknüpft.

2 Sind Hirntote als sterbend oder tot anzusehen?

Um hirntoten Menschen Würde zuzusprechen bzw. abzusprechen muss sich nicht zuletzt die Frage gestellt werden, ob diese als tot oder sterbend anzusehen sind. Daraus resultiert auch die Diskussion um ein Hirntodkonzept. Diese Fragen wurden in den 1990ern in der Gesellschaft heiß diskutiert, woraus auch eine Debatte im Bundestag entstand. Kritiker des Hirntodkonzeptes, waren der Organtransplantation nicht generell abgeneigt, bemängelten jedoch, dass die Lebenserhaltung eines hirntoten Patienten nur dem unbekannten Dritten und der Transplantationsmedizin dienen würde. Sie orientiere sich nicht an der Würde des Sterbenden, sondern sei eher als utilitaristisch anzusehen. Befürworter hielten dem entgegen, dass wenn man Hirntod und Tod des Menschen nicht gleichsetze, eine Legitimation zur Organentnahme niemals gegeben sei und daraus das Ende der Transplantationsmedizin resultiere. Gesetzlich wurde 1997 letztendlich beschlossen, dass der Hirntod auch gleichzeitig der Tod des Menschen bedeute und als Kriterium zur Organentnahme rechtsgültig sei (Manzei 1997). Außerdem wurde das Hirntodkonzept gesetzlich festgelegt. Demnach muss nach aktuellem medizinisch-wissenschaftlichen Stand festgestellt werden, dass vor der Organentnahme „der endgültige, nicht behebbare Ausfall der Gesamtfunktion des Großhirns, des Kleinhirns und des Hirnstamms" eingetreten ist (§3 Satz 2 Nr. 2 TPG 1997a).

Nach Manzei (1997) liegen die ursprünglichen Probleme in den Fragen nach der Todesdefinition sowie der Zustimmung zur Organentnahme. Letzteres beinhaltet die Frage, ob nur der Spender selbst zu Lebzeiten über eine Organentnahme am Lebensende entscheiden soll oder ob es auch die Angehörigen dürfen, wenn der Ernstfall eingetreten ist. Eine dritte Möglichkeit wäre eine gesetzliche Sozialpflicht, z.B. die Widerspruchslösung. Dabei geht man vom generellen Willen zur Organspende aus, sodann nicht vorher ausdrücklich widersprochen wurde. Jedoch kann hierbei nicht mehr von Freiwilligkeit zum Schutz der Würde gesprochen werden.

Will man den Tod definieren, so Manzei (1997), bewegt man sich auf drei Argumentationsebenen. Zum einen gibt es die Ebene der Definition oder Begriffsbestimmung. Manzei glaubt, dass man zuerst das menschliche Wesen definieren muss, bevor der Begriff Tod bestimmt werden kann. Das menschliche Leben geht demnach dem Tod voraus und schafft sozusagen seine Basis. Doch ihrer Meinung nach kann man das komplexe menschliche Verhalten nicht definieren, ohne normativ zu begründen. Sobald dieses jedoch geschieht, werden Menschen aus der Definition ausgeschlossen, die dieser Norm nicht entsprechen. Menschen sind eben Individuen, keiner gleicht dem anderen. Die zweite Ebene bezieht sich auf die Bedeutung und das Verständnis des Todes. Ob die Medizin, verschiedene Religionen oder Kulturen: alle haben ein anderes Verständnis vom Tod und dessen Bedeutung. Um eine Allgemeingültigkeit zu erzielen, müssten alle Gruppen einer Gesellschaft über Bedeutung und Verständnis diskutieren und sich einigen, was per se noch nicht geschehen ist. Die dritte Ebene schließt hier an. Sie verlangt nach Kriterien der Todesfestlegung. Ein Arzt kann nur nach seinen medizinischen Kriterien vorgehen, welche jedoch ebenfalls nicht allgemeingültig sein können, weil andere Sichtweisen außer Acht gelassen werden. Denn der Tod „ist ein kulturrelatives Phänomen, das von unterschiedlichsten Formen der Wahrnehmung und Deutung unserer Wirklichkeit abhängig ist" (Hoff, In der Schmitten 1994).

Diese Unterschiede in der Wahrnehmung können auch interdisziplinär auftreten, wenn Pflegekräfte und Angehörige den Hirntoten als sterbend deuten während die Ärzte ihn schon für tot erklärt haben. So sehen Befürworter des Hirntodkonzeptes gerade darin ein Verständnisproblem seitens der Angehörigen und Pflegekräften (Manzei 1997). Der Neurologe Angstwurm (1994) dazu:

„Obwohl der Hirntod biologisch einer Enthauptung entspricht […], sieht die hirntote Leiche wie ein bewusstloser, beatmeter Lebender aus. Diese naheliegende Verwechslung beruht auf dem ungeprüften Augenschein."

Körtner (2004) relativiert diese Situation, indem er seitens der Pflegekräfte von einem erlebten „Widerspruch zwischen dem Hirntodkonzept und empirischen Wahrnehmungen bei der Pflege von Hirntoten" spricht.

Es bleibt festzuhalten, dass die Frage, ob Hirntote sterbend oder tot sind, nicht allgemeingültig beantwortet werden kann. Jeder Mensch muss für sich selbst entscheiden, ob er den Hirntoten Menschen als (noch) sterbend oder schon tot ansieht. Wobei man sich dabei auch die Frage stellen muss, ab wann man selbst überhaupt von Tod spricht.

3 Haben Hirntote Würde?

Als, wie oben bereits erwähnt, 1997 die Bundesregierung das Hirntodkonzept gesetzlich regelte, wurde auch gleichzeitig ein Gesetz über den Umgang mit hirntoten Patienten verabschiedet:

„Die Organ- und Gewebeentnahme bei verstorbenen Personen und alle mit ihr zusammenhängenden Maßnahmen müssen unter Achtung der Würde des Organ- oder Gewebespenders in einer der ärztlichen Sorgfaltspflicht entsprechenden Weise durchgeführt werden" (§6 Abs.1 TPG 1997b).

Somit hat die deutsche Regierung stellvertretend für die gesamte Gesellschaft Hirntoten Würde zugesprochen. Jedoch gibt es auch Personen, die die Gegenseite vertreten.

Einer von ihnen ist der australische Philosoph und Tierschützer Peter Singer (A + E Networks 2013). Während unsere „westliche" Bestimmung des Personenbegriffs ontologisch ist, also davon ausgeht, dass Mensch und Person fest zusammen gehören und dem Menschen ein Wesenskern zugrunde liegt, geht der bewusstseinstheoretische Ansatz davon aus, dass nicht jeder Mensch gleichzeitig eine Person ist. Hier schließt sich Peter Singer mit seinem Präferenzutilitarismus an (Pfabigan 2008). Seiner Meinung nach muss man als Person ein zukunftsgerichtetes und ein gegenwärtiges Bewusstsein sowie Erinnerungen besitzen, da auch höher entwickelte Tiere dazu in der Lage sind. Da der Präferenzutilitarismus als oberstes Ziel die maximale Erfüllung von Wünschen und Interessen beinhaltet, ist auch nur derjenige, welcher Interessen hat, berücksichtigungswürdig. Das Leben von Menschen ohne Bewusstsein ist demnach lebensunwert und nicht schützenswerter als das Leben von höher entwickelten Tieren. Somit haben Hirntote wie auch Demente den Status einer Person verloren und eine Tötung ist reine Interessensabwägung (Singer 1998).

Hinter Singers radikaler Meinung steht die Forderung, dass das menschliche Leben nicht unter allen Umständen zu hoch bewertet werden soll. Auch wenn er eine extreme Position vertritt, so läuft die Würde von Hirntoten auch von anderer Seite Gefahr aberkannt zu werden. Nach Immanuel Kant steht oder fällt die Würde mit der Vernunft, also mit der Fähigkeit zur Autonomie (Pfabigan 2008). Wenn man jedoch die Menschenwürde aus autonomer Perspektive beleuchtet, so gelangt man nach Eibach (2000) in eine ethisch problematische „Gesundheits- und Autonomie-Falle". Wenn man die Autonomie überbewertet, haben Menschen, die nicht über diese Fähigkeit verfügen, wie schon bei Singer ein menschenunwürdiges und lebensunwertes Leben.

Kant gab zwar den Anstoß, Würde und Autonomie in Zusammenhang zu bringen, vertrat persönlich aber eine andere Meinung, wonach auch den Menschen Achtung geschuldet ist, die für ihre Würde nicht selbst eintreten können. Er glaubte, die Würde eines Menschen könne nicht zerstört werden (Pfabigan 2008).

Eine andere Position nimmt der Naturalist Franz Josef Wetz ein. Im Grundgesetz, den Allgemeinen Menschenrechtserklärungen und der Grundrechtscharta beruft man sich zwar auf die Menschenwürde, jedoch gibt es nirgends eine präzise Aussage über ihre Bedeutung. Sämtliche Würdeverständnisse sind nach der jeweiligen Weltanschauung beeinflusst und haben somit keinen allgemeinen Gültigkeitsanspruch. Wetz zweifelt am Wesensmerkmal der Menschenwürde anhand der modernen Kosmologie, Evolutionstheorie und Neurowissenschaften. Es ist für ihn unvorstellbar, dass der kleine Mensch im riesigen Universum und als Zufallsergebnis der unbarmherzigen Natur eine besondere Würde besitzen soll. Außerdem beweisen die Neurowissenschaften, dass das menschliche Verhalten von den Genen und unbewussten Hirnprozessen bestimmt wird. Hinter dem Gestaltungsauftrag verbirgt sich seiner Meinung nach die Vorzugswürdigkeit eines guten Lebens ohne Hunger, Gewalt und Not durch rechtsverstandenem Eigeninteresse. Damit jedoch eigene Wünsche und Interessen erfüllt werden können, muss und will man auch anderen Menschen den eigenen Mindeststandard zugestehen. Nicht zuletzt durch die Leidensgeschichten von z.B. Freunden oder Angehörigen wird man dankbar für das eigene gute Leben. Alles in allem vertritt er die Auffassung, dass die Würde eine Illusion ist. Dennoch schreibt er dieser Illusion eine gewisse Signifikanz zu, da sie die Menschen psychisch zu stabilisieren scheint und ihnen existenzielle Ängste nimmt. Wetz fragt sich zu guter Letzt, ob die Menschen solche Erkenntnisse, sollten sich seine Thesen als wahr herausstellen, verkraften könnten. Ahnungslosigkeit kann in diesem Fall vielleicht der bessere Weg für die Menschen und deren Leben sein (Wetz undatiert). Somit schreibt auch Wetz Hirntoten keine Würde zu. Nicht aufgrund deren mangelnde Fähigkeiten sondern weil er einfach nicht an die Existenz von Würde glaubt, weder bei gesunden noch kranken, sterbenden oder toten Menschen.

Zusammenfassung

Es bleibt festzuhalten, dass Würde in der Geschichte stets als aus Gestaltungs-auftrag und Wesensmerkmal bestehend beschrieben wurde. Je nach Weltan-schauung wurde sie dabei modifiziert. Desweiteren muss jeder Mensch für sich selbst entscheiden, ob ein Hirntoter für ihn sterbend oder tot ist. Genauso ist da-bei die Frage nach der eigenen, persönlichen Todesdefinition zu stellen, da jeder den Tod anders wahrnimmt und deutet. Würde und deren Achtung werden Hirn-toten per Gesetz zugesprochen. Dennoch gibt es Kritiker, die begründen, warum Hirntote ihrer Meinung nach keine Würde besitzen bzw. es überhaupt keine Wür-de gibt. Wenn es nach ihnen ginge, wäre eine Diskussion über zynische Witze der Chirurgen während einer Explantation überflüssig.

Wenn allerdings die Beachtung der Würde von Hirntoten gesetzlich vorgeschrie-ben ist, bleibt jedoch die Frage offen, wie dieser würdevolle Umgang aussehen soll. Hierfür gibt es keine Richtlinien, Gesetze oder Standards. Vielleicht auch gerade aus dem Grund, weil dieser Begriff dehnbar und Auslegungssache ist. Für einige Menschen können Handlungen würdevoll sein, die wiederum anderen als Anspruch an einen würdevollen Umgang nicht genügen.

Literaturverzeichnis

A + E Networks (2013) *Peter Singer. Biography.* [online]. Einsehbar unter: http://www.biography.com/people/peter-singer-39994 [Stand: 25.01.2013].

Angstwurm, H. (1994*) Der vollständige und endgültige Hirnausfall (Hirntod) als sicheres Todeszeichen des Menschen.* Zitiert in: Manzei, A. (1997) *Hirntod, Herztod, ganz tot? Von der Macht der Medizin und der Bedeutung der Sterblichkeit für das Leben. Eine soziologische Kritik des Hirntodkonzeptes.* Frankfurt am Main. Mabuse-Verlag. [online]. Einsehbar unter: http://nbn-resolving.de/urn:nbn:de:0168-ssoar-311688 [Stand: 28.12.2012]

Eibach (2000) *Menschenwürde an den Grenzen des Lebens. Einführung in Fragen der Bioethik aus christlicher Sicht.* Neunkirchen. Vluyn-Verlag. Zitiert in: Pfabigan, D. (2008) *Pflegeethik – Interdisziplinäre Grundlagen.* Berlin. LIT Verlag Dr. W. Hopf.

GG (1949) Grundgesetz – die Grundrechte. Ausgegeben zu Bonn am 23. Mai 1949. [online]. Einsehbar unter: http://www.gesetze-im-internet.de/gg/art_1.html [Stand: 26.02.2013]

Hoff, J.; In der Schmitten, J. (1994) *Wann ist der Mensch tot? Organverpflanzung und Hirntodkriterium.* Hamburg. 1. Auflage. Zitiert in: Manzei, A. (1997) *Hirntod, Herztod, ganz tot? Von der Macht der Medizin und der Bedeutung der Sterblichkeit für das Leben. Eine soziologische Kritik des Hirntodkonzeptes.* Frankfurt am Main. Mabuse-Verlag. [online]. Einsehbar unter: http://nbn-resolving.de/urn:nbn:de:0168-ssoar-311688 [Stand: 28.12.2012]

Kant, I. (1961) Grundlegung zur Metaphysik der Sitten. Valentiner, Th. Stuttgart. Reclam-Verlag. Zitiert in: Pfabigan, D. (2008) *Pflegeethik – Interdisziplinäre Grundlagen.* Berlin. LIT Verlag Dr. W. Hopf.

Körtner, U.H.J. (2004) *Grundkurs Pflegeethik.* Wien. 1. Auflage. Facultas Verlags- und Buchhandels AG.

Manzei, A. (1997) *Hirntod, Herztod, ganz tot? Von der Macht der Medizin und der Bedeutung der Sterblichkeit für das Leben. Eine soziologische Kritik des Hirntodkonzeptes.* Frankfurt am Main. Mabuse-Verlag. [online]. Einsehbar unter: http://nbn-resolving.de/urn:nbn:de:0168-ssoar-311688 [Stand: 28.12.2012]

Pfabigan, D. (2008) *Pflegeethik – Interdisziplinäre Grundlagen.* Berlin. LIT Verlag Dr. W. Hopf.

TPG (1997a) Gesetz über die Spende, Entnahme und Übertragung von Organen und Geweben (Transplantationsgesetz). Ausgegeben zu Bonn am 05. November 1997: Entnahme mit Einwilligung des Spenders. [online]. Einsehbar unter: http://www.gesetze-im-internet.de/bundesrecht/tpg/gesamt.pdf [Stand: 26.02.2013]

TPG (1997b) Gesetz über die Spende, Entnahme und Übertragung von Organen und Geweben (Transplantationsgesetz). Ausgegeben zu Bonn am 05. November 1997: Achtung der Würde des Organ- und Gewebespenders. [online]. Einsehbar unter: http://www.gesetze-im-internet.de/bundesrecht/tpg/gesamt.pdf [Stand: 26.02.2013]

Wetz, F.J. (undatiert) *Menschenwürde – Eine Illusion?* [online]. Einsehbar unter: http://www.kas.de/upload/dokumente/verlagspublikationen/Menschenwuerde/Menschenwuerde_wetz.pdf [Stand: 05.01.2013].

Wetz, F.J. (1998) *Die Würde des Menschen ist antastbar. Eine Provokation.* Stuttgart. Klett-Cotta-Verlag. Zitiert in: Pfabigan, D. (2008) *Pflegeethik – Interdisziplinäre Grundlagen.* Berlin. LIT Verlag Dr. W. Hopf.

11